WHAT TO
DO WHEN
I'M GONE

我離開之後

WHAT TO DO WHEN

I'M GONE

A MOTHER'S WISDOM TO HER DAUGHTER

一個母親給女兒的人生指南，
以及那些來不及說的愛與牽掛。

蘇西・霍普金斯 Suzy Hopkins 著　哈莉・貝特曼 Hallie Bateman 繪　吳愉萱 譯

國家圖書館出版品預行編目資料

我離開之後 ： 一個母親給女兒的人生指南，以及
那些來不及說的愛與牽掛。 / 蘇西.霍普金斯(Suzy
Hopkins)著；哈莉.貝特曼(Hallie Bateman)繪；吳愉
萱譯. -- 臺北市：三采文化, 2019.04
面； 公分. -- (inTIME)
譯自：What to do when I'm gone : a mother's wis-
dom to her daughter
ISBN 978-957-658-150-2(精裝)

1.悲傷 2.死亡 3.生活指導

176.52   108004549

suncolor
三采文化集團

inTIME 06

我離開之後：

一個母親給女兒的人生指南，以及那些來不及說的愛與牽掛。

作者｜蘇西‧霍普金斯（Suzy Hopkins）　　繪者｜哈莉‧貝特曼（Hallie Bateman）

譯者｜吳愉萱　協力編輯｜吳愉萱　責任編輯｜朱紫綾　校潤｜喬郁珊　校對｜張秀雲

美術主編｜藍秀婷　封面設計｜池婉珊　手寫字設計｜Dinner Illustration　內頁排版｜郭麗瑜

行銷經理｜張育珊　　行銷企劃｜王思婕　　版權負責｜杜曉涵

發行人｜張輝明　　總編輯｜曾雅青　　發行所｜三采文化股份有限公司

地址｜台北市內湖區瑞光路513巷33號8樓

傳訊｜TEL:8797-1234　FAX:8797-1688　　網址｜www.suncolor.com.tw

郵政劃撥｜帳號：14319060　戶名：三采文化股份有限公司

初版發行｜2019年5月3日　20刷｜2024年4月25日　定價｜NT$380

獻給我們的媽媽

前　言

我還小的時候，晚上睡覺突然害怕自己會死掉，這時我就會跑去把媽媽搖醒，要她安慰我。

「我會死掉嗎？」

「會，但那還要很久、很久、很久以後。」

「那妳會死掉嗎？」

「會，但可能不會太久以後。」

長大後，死亡成為我們日常話題的一部分。在餐桌上，我們會爭論土葬好還是火葬好，然後媽媽會強調：「如果我變成了一個只會流口水的累贅，拜託賞我個痛快。」世上很多令人難過的事情無可避免，而我們習慣用開玩笑的方式來面對它。我們在太陽底下談論死亡，如此一來，當我們必須獨自面對它時，就不會覺得那麼可怕。

大概二十二或二十三歲時，某天晚上我睡不著，那令人不安的念頭再次悄悄溜進我的腦袋。這一次，我決定不再逃避。我允許自己想像失去媽媽的可能性，生動地感受那種痛楚，深切地去體認她已經永遠離我而去。

在夢境中，我走得更遠：我想像媽媽離開我的隔天，甚至第二、第三天，地球依舊繼續轉動，而我獨自被留下來。我不知道該往哪走，腳下的地面一片一片消失。

如果我要煮馬鈴薯，我可以打電話問誰？誰可以忍受我抱怨工作超過五分鐘？誰來教我那些我還沒學會的事？誰會包容並原諒我所做的一切？把我帶到這個世界的人離開了，沒有她的指引，我該如何獨自航行？

我哭著醒來。然後，我的腦袋裡迸出另一個想法。隔天早餐時，我拜託媽媽寫一本手冊，好指導我如何在她死後，去適應她已經離開的事實。

她放聲大笑，跟我說：「沒問題。」

哈莉・貝特曼

我離開的那天，大概會是像這樣……

這種情形大概會持續好幾天，
所以妳最好離電話遠一點。

第1天：做一份法士達

首先，切一大堆洋蔥。妳會不停流淚，但到最後妳會明白這些眼淚是值得的。

在大炒鍋中加入相等分量的橄欖油和奶油，放入塞拉諾辣椒，然後把切好的那堆洋蔥堆上去。不知道為什麼，我常去的那間健身房總是在女人運動時播放烹飪節目。我沒有練出健美身材，但我學到很多，包括如何炒洋蔥。把一堆洋蔥絲炒到焦糖化，絕對能讓它變得更加可口。

用小火加熱二十至三十分鐘，讓洋蔥慢慢軟化。

不時翻炒鍋中洋蔥，直到顏色變深。撒上辣椒粉、孜然粉、鹽、胡椒和卡宴辣椒粉，拌炒均勻，讓它再煮一會兒。放入綠色、紅色和黃色的甜椒，會讓妳覺得自己像天才藝術家，這時妳就不會這麼想哭了。

下一步，香煎雞胸肉（或是板豆腐，如果妳想吃素的話）。
煎好後切成片，放在洋蔥和甜椒上。

我喜歡再加顆番茄，切成四片或八片。不過管他的，切成幾
片都沒差，反正最後都會炒在一塊兒。起鍋前幾分鐘再撒些
鹽和胡椒，拌炒一下。

用新鮮的墨西哥薄餅把料包起來，搭配香菜末、莎莎醬和切
片的酪梨，大功告成！現在是不是感覺好多了？

怎麼可能好多了。還是給自己倒杯威士忌吧。

維達莉雅洋蔥
橄欖油、奶油
新鮮大蒜，切片
塞拉諾辣椒，去籽切片
綠色、紅色和黃色甜椒
辣椒粉、孜然、鹽、胡椒、卡宴辣椒粉
雞胸肉或板豆腐
新鮮番茄
墨西哥薄餅
香菜、莎莎醬、酪梨
威士忌

第2天:讓人們關心妳

門鈴會響個不停,妳得起床開門,
接受他們的致意,讓他們進門。
你們會說說話、聆聽彼此,你們會一同哭泣。
可以的話,給他們準備些紅茶和點心吧。

除非我的死真的是牠的錯，
妳才可以不用把牠的事排在
優先待辦事項。

第4天：寫我的訃聞

在我那個年代，寫訃聞是免費的，通常由記者來撰寫。內容包括妳的家庭、妳讀過的學校、妳的職業生涯，還有妳對社區的貢獻等。

現在都是由死者家屬寫好寄給報社，而且通常寫得不太好，過分專注於無關緊要的事情，例如「她非常用心照顧她心愛的臘腸狗，一起度過許多歡樂的日子」。

訃聞不只是例行公事，它也是妳人生在世的少數書面紀錄。關於一個人的集體記憶很快就會消失，過了一、兩個世代之後，妳在地球上的痕跡就會被完全抹去，好像從來不曾存在一樣。

如果我有提早規劃，或是成功讓自己晚一點死，我應該會寫好自己的訃聞。但現在說這些都太遲了。所以，妳可以邀請最了解我的那些人來，好好聊聊，然後妳會發現老媽的人生還有很多妳不知道的事。

我的訃聞內容不該包括：

「她於一九八七年搬到佛羅里達州，一九九三年搬到方克鎮，一九九五年搬到克利夫蘭，然後和一個她後悔認識的男人短暫同居，最後定居在塔科馬。」

我根本不記得我住過的所有地點，也不需要成為永久紀錄的一部分。

「她喜歡填字遊戲（還有一堆無聊嗜好）。」

除了我的直系血親，沒人需要知道我會做馬賽克花盆、彈鋼琴、每年都買季票卻只看兩場電影，或者在過去二十五年內總是用同樣六種食材煮菜。

「她在親愛的家人陪伴下安詳離世。」

我不認為每個人都有辦法安詳地走。我猜很多人會在痛苦哀嚎中離世。當那種感覺來襲，每個人都有權利獲得一加侖的嗎啡。

「她把溫暖的愛分享給身邊的每一個人。」

算了吧，我們就別騙人了。我很確定我辦公室附近的交警就不會同意這句話。

第5天:整理房子

妳可能覺得天崩地裂,或是渾渾
噩噩。這時妳可以打掃妳的房
子。將每樣東西好好歸位,讓屋
子井然有序,盡一切所能遠離生
命的無常和死亡的殘酷。

人生就像賭博，只要保持冷靜，有條不紊，
妳就能在關鍵時刻順利找到妳的襪子。

第6天：去二十四小時餐廳好好吃頓飯

妳現在需要一個好朋友，就算要立刻搭飛機來看妳也在所不惜的那種。告訴她妳需要什麼，請她聽妳說話，陪妳一起哭，天南地北地聊，或是就這樣靜靜坐著。

去妳最喜歡的二十四小時餐廳，吃個派，喝杯咖啡，聊一些跟死亡扯不上邊的事，或是直接告訴她失去我是什麼感覺。告訴她，我以前是怎麼讓妳發笑，或是怎樣把妳逼到快要抓狂。

沒有規則，沒有對錯，好朋友會懂的。而真正的好朋友會記得幫妳帶一盒面紙。妳沒必要獨自經歷這一切，現在不要，未來也不要。

邀集親朋好友為我舉行一場葬禮，並且
為我播放兩首歌曲：核心塵土樂團的《讓
它走吧》，還有伊瑟瑞．卡瑪卡威烏歐爾
唱的《彩虹彼端》（如果有人嫌這些歌太
濫情，嘿，這就是我啊）。把我埋在一
塊風景優美的鄉下空地，我不介意腐爛，
也不怕土裡的小蟲。

我不覺得墓園是個令人沮喪的地方，反而
更像是迷人的家族史料庫。買房子的時
候，妳最在意什麼？不外乎是安分的鄰
居和一塊漂亮的草皮。記得放一塊墓碑，
這樣妳就可以找得到我。墓誌銘可以寫
得神祕一點，留給人足夠的想像空間。

讓人們在我身後瘋狂談論我。
我喜歡這種感覺。

第8天：滑直排輪

今天嚴禁思考，只要放手去做就好。滑直排輪時通常沒辦法同時思考其他事情，除非妳是個直排輪高手。

如果妳的直排輪滑得跟我一樣糟，這時妳腦袋裡只會想著「我要跌倒了我要跌倒了我要跌倒了」。這樣很好，這樣妳就會暫時忘記現實，忘記我們的回憶，忘記悲傷，忘記焦慮。妳不會有空去想：「天啊，我最後一次跟我媽說話時還對她大小聲。」

沒關係的，誰會知道那是我們最後一次說話。
妳感覺很糟，沒關係的，繼續向前滑就好。

第12天：看一部賣座電影

為什麼事情會變成這樣？如果早知道，有辦法改變一切嗎？

妳想要怪我，怪我抽菸，喝酒，又不上健身房運動，最後才會變成這樣？來吧，替我改寫結局。反正無論妳期望的結局如何，都與我無干了。如果妳需要一些靈感，下面推薦幾種另類死法。

掉進天坑摔死

在感恩節特賣會被踩死

被 Siri 導航到懸崖摔死

手裡抓著妳的照片心臟病發而死

（因為太愛妳了）

我可以有一百種死法，但不論是哪一種其實都無所謂。若妳問每個死者對自己死去的方式是否滿意，我猜大多數人都會想重寫自己的結局。無論是怎麼死的，死了就是死了，再想也沒用。還不如去看場電影配爆米花。

第15天：烤一塊布朗尼

自從我離開之後，妳有很多事要忙，忙到沒有太多時間思考。然而失去的本質就是體認與接受，這將會成為妳的新日常。妳永遠無法擺脫它，但妳會慢慢撐過去的。

烤個布朗尼會對妳有幫助，找人一起分享，效果會更好。

這個食譜是妳外婆以前常做的。拿個厚實的平底鍋，用低溫融化奶油和巧克力，不時攪拌並且小心不要燒焦。待離火稍微冷卻後，加入糖和香草精拌勻。一次打入一顆蛋，先拌勻再打入另一顆。

倒入燕麥粉、麵粉和泡打粉，加入敲碎的核桃或薄荷糖，混合均勻後倒入二十三乘三十三公分的烤盤，並將表面塗抹均勻。送入預熱至攝氏一百六十五度的烤箱，烤三十五至四十分鐘，取出後放涼，切成小塊。

奶油 1/2 杯
不甜的巧克力 110 公克
糖 2 杯
香草精 2 茶匙
雞蛋 4 顆
燕麥粉 1 杯
中筋麵粉 1/2 杯＋2 湯匙
泡打粉 1/2 茶匙
鹽 1/2 茶匙
自由添加：核桃、山核桃或紅白色
薄荷糖 1/2 杯（裝進塑膠袋，用槌子輕輕敲碎）

趁著空檔煮一壺好咖啡，想想妳要和誰分享這些蛋糕。

那個人最好不會把脂肪和熱量視為大敵。最好是一聽到手作布朗尼，眼睛就會為之一亮的人。妳最不需要的，就是減肥。

妳會常聽到人們這樣說：

我可以體會妳有多難過。

時間會撫平一切。

她已經去了更好的地方了。

一切都會沒事的。

她不會想看到妳這麼難過的。

到這把年紀，至少她也過得很充實。

拜託不要這樣回答：
(雖然我知道妳非常想.)

天啊！你是我失散多年的兄弟嗎？
不然你怎知道我有多難過？

到底需要多少時間？
直到她又活過來的那一天嗎？

真的嗎？你憑什麼這麼肯定？

所以你願意簽名掛保證嗎？

你說的對，既然她永遠不會回家了，
不如來開派對吧！

其實也還好，她不愛冒險，
應該要再多活二十年才對。

第18天：摔東西

找個當下離妳最近、易碎的東西，什麼都好。
不用想太多，用妳最大的力氣把它摔向牆壁。

沒錯，人生本來就不公平。

好，扔完記得收拾一下，以免有人受傷了。

父母的死亡是大自然傳遞給妳的訊息，告訴妳一個驚人的事實：接下來就輪到妳了。

這就好像妳已走在生命的跳板盡頭，準備跳進或被推進深不見底的游泳池。這感覺不適合用「驚喜」來形容，但很奇妙地，它就是如此。當妳失去至親至愛的時候，它更會以雷霆萬鈞之力襲向妳。

今天不是游泳的好日子，去森林裡散步吧。想想森林裡的浣熊、狐狸和熊，牠們生在那，死在那，一點也不擔心什麼生命的跳板。一段時間後，妳也會習慣的。

如果我們總有一天會死，繼續活著又有什麼意義？死亡就是最好的理由。如果妳知道自己永遠不會死，想想看，妳可能會浪費多少時間。當生命的最後期限迫在眉睫，也許會有不可思議的事情發生。

第26天：讓我說明一下
妳在整理我房間時發現的那些東西

壞掉的糖果：五年前我藏起來的，
以免妳爸把它吃光，結果從此忘記
它的存在。

證件照：很遺憾，
當時就是流行
那樣的捲髮。

電動按摩棒：
怎麼，當了媽媽就沒有需求了嗎？
證據可不是這麼說的。

高中日記：在那個年紀，
　　我也曾經對每件事都感到如此焦慮。
　　有一天妳也會經歷這些的。
　　（但我想妳已經都經歷過了吧！）

外國硬幣：我就是捨不得把它們
扔掉，雖然我早就不記得它們
是從哪來的了。

裝在密封的信封裡，
　　要給妳的紙條：
　　　我以前超怕搭飛機，
　　　　那時我一直認為自己會
　　　　死在半空中，
　　　　所以我寫了這些信，
　　希望妳看到以後能明白
　　我有多愛妳。

沒有祕密戀情，沒有另一個不為人知的人生，沒有裝著百萬遺產的保險箱鑰匙，很抱歉，我真的沒有什麼祕密好藏的。相信我，我跟妳一樣失望。

我離開之後，可能已經有很多人為妳做了很多事，幫助妳，支持妳。給每個人寫一封感謝信吧。

死亡來得粗魯又無禮，但我們可以寫封信向身邊的人表達感激。感謝他們可以適時轉移妳的注意力，而不是老想著離開的人。

感謝他們還可以讓妳走出家門，
前往郵局，學習另一件更困難的
事情，那就是耐心。

第76天：呼吸

喪親之痛會突然將妳的思緒拉回某個時間、地點，讓妳想起某張臉，或者猛
然將妳推向悲傷又孤獨的未來。但是妳的想法只是想法，並非現實。而且老
實說，妳的想法並非永遠可信。

找一塊最綠的草地，跪在上頭，仔細地看。那些小蟲、彩色的線條、糾纏在一起的小草，那些都是真實的。閉上眼睛，呼吸泥土的氣息。如果妳夠幸運，還能順利躲過那些灑水器。

第110天：創造新的節日傳統

這是第一次沒有我陪妳過節，感覺會有點不一樣。別試著去做我們每年都會一起做的事，然後讓那無力感越擴越大。從現在起，每年都想些新節目，並且大大方方地想著要是我也能跟妳一起同樂就好了。

一起看血腥恐怖片

放棄煮飯
改叫外送比薩

全家一起上賭場

一起寫劇本，一起演戲

第144天：烤一塊核桃派

妳的外婆總是在特別的節日烤核桃派。我一直想不透，為什麼我會這麼喜歡核桃派。她過世後，換我自己動手烤派，將這傳統延續下去。然後我明白了，妳外婆加了超級多的糖，所以這派才會這麼好吃。

首先，動手做派皮。妳可以買現成的冷凍派皮，但自己做的好吃多了。

過篩麵粉 4 杯
糖 1 湯匙
鹽 1 茶匙
植物性酥油 1 又 1/2 杯（軟化但未融化的椰子油也可以）
白酒醋或蘋果醋 1 湯匙
冷水 1/2 杯＋1 湯匙，或是更多
雞蛋 1 大顆

在開始之前，我要妳知道，妳永遠不必擔心失敗。這道派無論如何都會很好吃。生活中又有多少保證成功的難得機會？

把麵粉、糖、鹽和酥油倒進食物調理機，攪拌幾下。在另一個小碗裡加入雞蛋、醋和冷水，拿把叉子攪打均勻。打好之後倒進食物調理機，用一按一停的方式按「暫停鍵」，直到所有材料混合均勻。

將攪拌好的麵團放在撒了麵粉的桌面上，分成兩份，各自包上保鮮膜，放進冰箱冷藏半小時或更久。在桌上再撒些麵粉，拿出其中一包麵團，桿成適合直徑二十五公分圓形烤盤的圓派皮；用深一點的烤盤會更好。

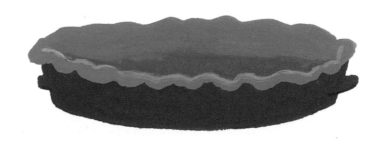

另一包麵團在冰箱裡可以放上一星期，妳一定會想再
做另一個派的。

趁著冷藏麵團的時候準備餡料。

淺色玉米糖漿 3/4 杯

黑糖 1 杯

雞蛋 3 顆，稍微打幾下

融化的奶油 1/2 杯

鹽 1/2 茶匙

香草精 2 茶匙

剝好的山核桃 2 杯

自由添加：切碎的巧克力 1/2 杯、無糖碎椰肉 1/3 杯

如果妳有準備巧克力和椰肉，將它們均勻地撒在鋪好
的派皮上，接著將其他餡料徹底拌勻並且倒上去。

送入預熱至攝氏一百七十五度的烤
箱，烤四十五至五十分鐘，
直到派的中心烤熟，取
出後放涼。不要放涼
也可以，反正沒人能
阻止妳吃掉剛出爐的
核桃派。

第170天：跳彈簧床

某些日子裡，妳無法專心，無法集中注意力，無法
好好想事情。這時候就跳彈簧床，數到一千。也許
妳依舊無法想出個答案，但妳會很累，累到什麼都
不在乎了。

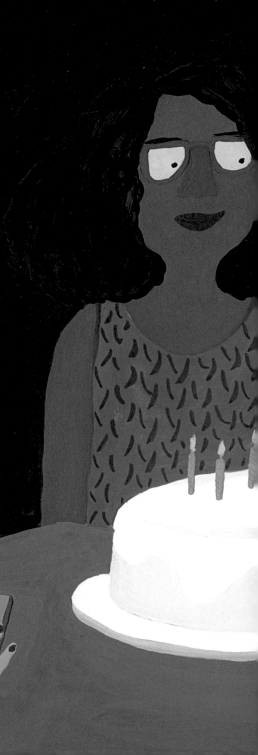

第231天：慶祝妳的生日

直到這天來臨前，死亡對我來說沒什麼難
的。我總是拿死亡開玩笑，表現得好像自
己很幽默的樣子。

但今天我做不到。

我不在了，沒辦法喚妳的名字。

我不在了，沒辦法送妳一張儲滿現金的禮
物卡，上頭還有小黃金獵犬的圖案。

我覺得很抱歉，自己只能躺在墳墓裡，不
能進廚房幫妳做一個糖霜蛋糕，不能給妳
一個擁抱。我只能想像妳現在的心情。

這個生日對妳來說一定很不好過，但妳別
忘了，死掉的是我，而妳還活著。在這一
天，妳為我感到遺憾就夠了，千萬不要覺
得自己很可悲。

感覺真是糟透了。
真希望我能陪在妳身邊。

第285天：給自己買雙好鞋

每個人一輩子都該至少擁有一雙真正
好穿的鞋。現在我沒法再寵壞妳了，
妳該對自己好一點。

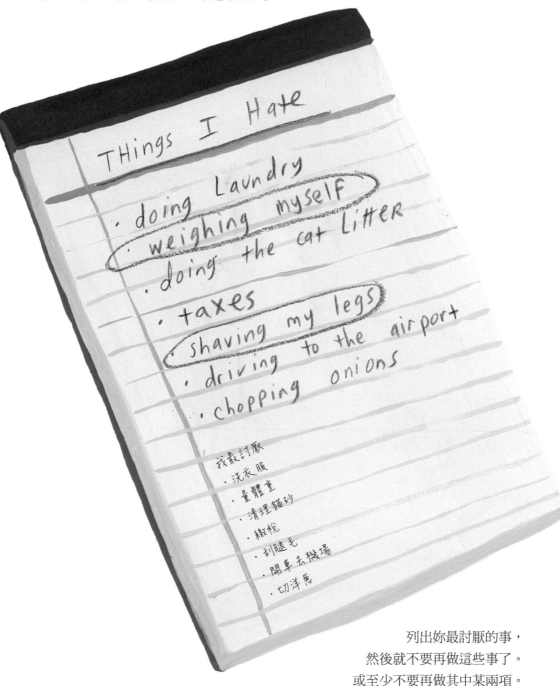

列出妳最討厭的事，
然後就不要再做這些事了。
或至少不要再做其中某兩項。

第365天：煮一鍋雞湯團子

一年過去了，妳可能還是會覺得痛苦。如果我能從墳墓爬起來為妳做至少一件事情就好了。

大多數時候，我們從其他人身上看到的（即使是那些還活著的人），只是我們對他們的看法，只是一種概念。所以只要妳記得我，我就在這裡。既然我在這裡，我建議妳把日子過忙一點，熱衷生活，追求快樂，繼續向前邁進。

好好感受自己的感受，然後妳會意識到太陽出來了，狗兒需要散步。角落那堆待洗衣物還在等著妳，而妳的鄰居可能會帶一些美味的食物上門。

雖然我人不在，但妳知道我會怎麼做。我會說：來煮一鍋雞湯團子吧。

全雞1隻，稍微處理一下
西洋芹、洋蔥、胡蘿蔔、巴西里
鹽、胡椒、醃雞肉專用的義式綜
合香料
麵粉、牛奶
白葡萄酒

將整隻雞放進大湯鍋裡，加水淹蓋過它。放入切塊的西洋芹、洋蔥、胡蘿蔔、巴西里，以及鹽、胡椒、義式綜合香料，用小火或中火煮幾小時，直到可以輕易將雞肉從骨頭上撕下來。

稍為放涼之後，把雞湯舀入另一個鍋裡。用叉子剝下雞肉，裝在另一個碗裡備用。

拿一大顆洋蔥和幾支西洋芹，連葉子一起切碎，放入鍋裡用奶油炒軟。撒些麵粉和綜合香料，再倒些白酒，炒到些微黏稠。將雞湯過濾後倒入鍋裡，以鹽和胡椒調味，煮十五分鐘後再放入雞肉。

現在來做團子。如果妳從沒做過，可能會有點棘手。記得先給自己倒杯葡萄酒。

麵粉 1 又 1/4 杯
玉米粉 1/4 杯
泡打粉 1 湯匙
鹽 1 茶匙
巴西里，切碎
醃雞肉專用的義式綜合香料
胡椒
融化的奶油 2 茶匙
牛奶 1 杯

將融化的奶油和牛奶混合，倒入拌勻的巴西里和乾料中，輕輕攪拌。小心不要攪拌過頭，團子才能保持柔軟的口感。但無論如何，吃下肚後它們都會像膠水一樣黏在妳的腸壁上。將剩下的雞湯再次煮沸，然後放入團子煮二十分鐘。

隔天，妳可以把沒吃完的湯菜做成雞肉派。在烤模上鋪一塊派皮，切一些馬鈴薯和洋蔥，再倒入剩下的雞湯團子，蓋上另一塊派皮。送進預熱至攝氏一百七十五度的烤箱，烤到派皮呈金黃色即可。

第400天：找人取代我

如果妳失去了某個重要的人，妳該試著找個人取代他。如果妳一直不試著填補心頭的空缺，妳最後會一無所有。這麼說不代表真的有人可以取代妳的媽媽，但我還是覺得妳該試試看。

當妳二、三十歲時，會常和朋友玩在一起。一轉眼來到四十，妳的生活圈變小，朋友不是搬家了，就是結婚生子、建立家庭，在忙碌的生活中與妳漸行漸遠。

步入五、六十歲，妳會發現更多朋友失聯，有些人離婚，有些人過世，有些人開始新生活，或是搬到印度去靈修，有些人只是變得更討人厭。

到了七、八十歲，身邊的人相繼過世，妳必須找新的人來填補他們的位置，來陪伴妳、支持妳。嗯，只要確定妳的新朋友比妳年輕就好。

有現成的人選更好，事情就簡單多了。

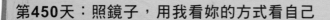

第450天：照鏡子，用我看妳的方式看自己

有時候妳會忘記自己有多棒。
我真恨自己不能在妳身邊
時常提醒妳。

總有一天妳會變老，
當妳回顧以前的照片，妳會看見自己有多美麗。

第500天：泡澡

泡澡的感覺就像待在母親的子宮，被溫暖包圍著。點一根蠟燭，聽著外面傳來的微弱雜音，好好放鬆一下，想泡多久就泡多久。我不知道鬼魂是否真的存在，如果是真的，那我就是鬼魂了。我將會去拜訪妳。如果燭光搖曳閃爍，就表示我去看妳了。所以妳最好找一根芯夠長的蠟燭。

看見這些徵兆，
表示我從另一個世界來看妳了

- 當蜻蜓轉圈圈飛

- 當瓢蟲停在妳手臂上

- 當天空
  出現彩虹

- 當妳看見成群的青鳥

- 當天上的雲看起來
  像某種圖案

- 當杜鵑花的葉子出現斑點

  （這也表示花生病了）

第550天：做決定

當妳需要做決定的時候，不論是換工作、交男朋友，或是分手、搬家、創業，
步驟都是一樣的。

・拿一張筆記紙（黃底，上頭有橫線的那種）、尺和鉛筆
・在紙的中間畫一條直線
・然後在上方百分之十的位置畫一條橫線
・在左邊寫下「好處」，在右邊寫下「壞處」
・然後在橫線以下分別列出最好和最糟的情況
・如果最好情況的好，勝過最糟情況的糟，那就行動吧

如果妳生某人的氣，很可能是因為妳很在乎這個人。早點上床睡覺，睡個好覺。隔天早上，假裝彗星就要撞上地球，摧毀整個世界，妳還會在意誰才是對的，誰是錯的嗎？或者妳只想擁抱對方，永遠不要放開手？這樣妳就知道答案了。

第650天：用咖哩治療心碎

有時愛會傷人。
這時候咖哩可以幫得上忙。

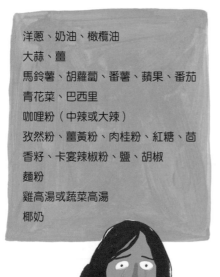

洋蔥、奶油、橄欖油
大蒜、薑
馬鈴薯、胡蘿蔔、番薯、蘋果、番茄
青花菜、巴西里
咖哩粉（中辣或大辣）
孜然粉、薑黃粉、肉桂粉、紅糖、茴
香籽、卡宴辣椒粉、鹽、胡椒
麵粉
雞高湯或蔬菜高湯
椰奶

將成堆的洋蔥切成小塊，再切些新鮮
大蒜和薑，用奶油或橄欖油小火慢炒。
趁空檔拿幾根胡蘿蔔去皮，還有兩或
三顆番薯、幾顆紅皮大馬鈴薯、一顆
帶酸味的蘋果、幾顆熟透的番茄，全
部切小塊，再切點青花菜和巴西里。

不想切這麼多東西？努力克服它吧。
把刀磨利，並且心懷感激，還好自己
不是心臟外科醫生，修好人們的心，
好讓他們重覆不停心碎。

趁著煮咖哩的時候讓心休息一下，放
輕鬆地享受修剪、切片和切除腐蔬菜
爛斑點的過程，就像從破碎的心上削
去錯誤的愛情。

接著拿個碗，將咖哩粉、孜然粉、薑黃、一點肉桂、一點紅糖、一些茴香籽（如果妳傷心欲絕）、辣椒粉、鹽和胡椒混合均勻，然後撒在焦糖色的洋蔥上，繼續用小火拌炒。

加些麵粉拌炒幾分鐘，直到變得黏稠，再倒入幾杯雞高湯或蔬菜高湯。這時可以放入蔬菜了，質地最堅硬的先放，同時提醒自己，「我很堅強，我會撐過去的」。

讓鍋裡的東西煮一會兒，然後倒入椰奶，和更多的咖哩粉、鹽和胡椒。根據妳想要的濃稠度來添加椰奶，加越多就要煮越久，大概是吧。反正咖哩具有不可思議的寬容。妳的愛情可能容不下一絲錯誤，但咖哩可以容下一切。

妳可以把湯汁煮多一點，雖然我比較喜歡濃稠口感。快煮好時再加進青花菜和巴西里，這樣它們才不會煮過頭。

專心煮咖哩，妳就會暫時忘記傷心。咖哩永遠會陪著妳，助妳挺過心碎。邀朋友來家裡吃咖哩吧！如果妳去朋友家吃晚餐，也可以帶上一鍋咖哩。

第700天：把音量開到最大

現在已經清晨三點，妳不可以打給我。嗯，因為我已經不在了。如果我不是死了，我會說：「可憐的孩子，妳睡不著嗎？要不要我泡杯茶給妳？還是來一碗咖哩？」

有時候思緒會帶妳去到妳不想去的地方。不要理會它。聽一首超棒的歌，把音量開到最大，蓋過從地獄深處傳來的尖叫。如果身旁剛好有人在睡覺，而且剛好妳很在乎他，妳可以考慮戴上耳機。

還有更好的方法，妳可以讀一本精采的書，讓它帶妳到另一個時空，忘掉現在的一切。當妳終於闔上眼皮，妳會感激自己正躺在舒服的床上。

第750天：吃巧克力

妳有遇到對的人嗎？

他會讓妳開懷大笑。

當妳嘔吐時會照顧妳，還會收拾善後。

聖誕快樂！

他的家人會熱切歡迎妳。
（跟一個人結婚等於跟他的全家人結婚，
這是真的。）

他跟妳差不多聰明，或是盡量不要比妳蠢太多。

他簡直瘋了！
我不知道我還能忍受
那份工作多久。

他會傾聽妳的問題，
但不會試圖插手解決它們。

瘋子最
難搞了。

我帶了東西
要給妳。

耶！

他回家時會主動帶巧克力給妳，
給妳驚喜。

第850天：和我聊聊天

當妳看到某些東西或做某些事情時，妳會想：「媽一定會喜歡。」

也許妳會在某個美麗的沙灘上散步，然後突然想起我多麼喜歡我們在海邊的那次旅行。或是妳會換一個很棒的工作，或是遇到一個很棒的人，然後難過地想著妳無法再跟我說這些事了。

其實妳可以的。

第900天：抬頭看看天空

難過的日子總會過去。
就像以前的和等在前頭
的那些難過日子，就像
天空上的雲一樣，都會
過去的。

第950天：煮一鍋墨西哥辣肉醬

有時人的脾氣古板到令人生氣，
還好肉醬的食譜可以靈活又有彈性。

紫洋蔥、紅甜椒、西洋芹、大蒜
橄欖油
辣椒粉、孜然粉、羅勒、茴香、迷迭香、奧勒岡、
洋蔥粉、卡宴辣椒粉、鹽、胡椒
麵粉或亞麻籽粉
紅葡萄酒
番茄，切丁
黑眼豆、紅腰豆
蔬菜高湯或雞高湯
胡蘿蔔、番薯、奶油南瓜，切丁
塔巴斯科辣椒醬
刨絲的起司、酸奶油、香菜

這個基礎配方可以煮一大鍋肉醬，所以在妳開始煮之前，先想想哪些朋友今晚可能不想開火（應該不難找），然後邀他們來共進晚餐。

將一大顆紫洋蔥和紅甜椒、西洋芹切丁，加橄欖油和大蒜拌炒幾分鐘。

混合辣椒粉、孜然粉、羅勒、茴香、迷迭香、奧勒岡、洋蔥粉、卡宴辣椒粉、鹽和胡椒，倒在洋蔥上，續炒一分鐘。撒上二或三湯匙的麵粉或亞麻籽粉，再炒一分鐘。

加一杯紅酒，輕輕攪拌，直到鍋中物變得黏稠。接著加進番茄丁、黑眼豆、紅腰豆和高湯。

這時妳可以添加更多高湯或額外的蔬菜丁（我喜歡胡蘿蔔、番薯和南瓜），然後在鍋內甩幾滴塔巴斯科辣椒醬。

燉煮一到兩小時，試試味道和辣度，適當調味。盛盤時刨些起司上去，搭配酸奶油和新鮮香菜。這道肉醬配什麼都好吃，配玉米麵包和一點人生經歷，更吃得出滋味。

第1000天：為自己冒一次險

問：我們彼此相愛，而且打算同居，但我怎麼知道這時機點對不對呢？

答：當妳日夜都想跟他在一起，一刻也不願分開，那就是了。

問：如果我們生活在一起後，開始把對方視為理所當然怎麼辦？

答：這是遲早的事。那時妳會意識到自己做錯了什麼，並且把心重新放在他身上，你們之間的關係會變得更緊密、強韌。

有時妳會覺得褪去的激情好像永遠找不回來了，妳覺得自己在他眼中好像隱形人。談戀愛很容易，一起生活卻很困難。這是一個學習的過程，妳會因此更了解自己。

有時妳會討厭自己，有時妳會對他的行為感到不滿。你們常會意見不合，而且認為工作分擔不公平。有時妳很生氣，你們會吵架，然後你們必須想辦法和好。這些聽起來很煩，令人沮喪，但如果妳真的愛妳的另一半，他會值得妳去努力。

問：婚姻生活好嗎？即使我找到了想要共度下半輩子的人，但婚姻制度伴隨而來的壓力令我擔憂。如果有半數的婚姻最終以離婚收場，為什麼我還要冒這個險？

答：妳為什麼會想結婚？妳覺得婚姻會帶來什麼改變？人們為了各種理由結婚，愛、信仰、性、金錢，或是傳宗接代。

不要把責任怪罪於婚姻，它只是一個制度。婚姻沒有使用說明書，而人們往往是自私的，沒有意識到自己需要付出多少努力，又會得到多少回報。他們可能輕易就放棄了。妳付出的愛和努力，是婚姻成功或失敗的關鍵。如果妳太早就放棄，當妳年紀更長、更睿智時，妳會明白自己錯過了什麼。

我只能告訴妳，當妳找到一個真正懂妳、關心妳的人，這一切都會值得。那個人不會介意妳的過去，他看過妳每天早上剛醒來的樣子，而他還是一樣愛妳不變。是的，婚姻一定有風險。是的，它需要花很多功夫。當他出現了，就應該好好把握。

問：如果我們都盡力了，最後還是分手，怎麼辦？要是過了這麼多年，卻發現是錯的人，怎麼辦？當我回首這一切，才發現自己竟是如此天真，怎麼辦？

答：這個人走進妳的生命，給妳上了一堂課。妳會從他身上學到經驗，不論這是不是妳想要的。不用擔心，妳沒有浪費時間。而且每個人一開始的時候都很天真。

就是這份天真幫助我們說出「我願意」。

妳準備好了嗎？

接下來二十年都要跟一個小鬼
綁在一塊兒？

擔心孩子生下來沒有十根完
美的手指或腳趾？

有好幾年根本都不用
睡覺了？

把錢都花在買尿布、奶粉、
安全座椅、嬰兒鞋和奶嘴杯？

遲早要面對青春期問題？

幫忙做作業，參加校外教學，
被當成私人司機，還要付錢
讓他上大學？

想這麼多很好。

這麼說吧，妳會和相愛的人（或是能培養愛情的人）發生關係，迸出火花，點燃新生活，把妳所有那些問題和擔憂實際演練一遍。

別誤會了，
我不是責備妳。
就算我已經死了，
我還是很樂意當外婆。

第1775天：來點麻醉藥

麻醉藥可以為美好的誕生日加分。妳將
經歷無人能體會的巨大痛苦，除非妳像
那百分之一的幸運女性說的那樣，「我
十分鐘就把孩子生下來了，連三明治都
來不及吃完呢」。

妳不必有罪惡感，女人生孩子當然有權
利施打任何能減輕疼痛的藥物。當妳抱
著寶寶的那一刻，疼痛很快就會退去，
變成記憶的一部分，而妳的寶寶立刻就
會開始嚎啕大哭。

第1800天：唱我哄妳睡覺時常唱的那首歌

黛西，黛西，快告訴我妳的答覆
我的愛為妳瘋狂
我無法辦一場漂亮的婚禮
也買不起好車送妳
但若妳坐在自行車上
一定更動人美麗
就在為我倆設的雙人椅墊上

露比，露比，快告訴我妳的答覆
妳是否願意跟我一起
在自行車上一起奔馳
度過一段快樂的時光
就在為我倆設的雙人椅墊上

比利，比利，快告訴我你的答覆
你和我一樣喜歡自行車嗎
慢慢騎，快快騎
你騎在前頭，我坐在後頭
小路從我倆身旁飛過
就在為我倆設的雙人椅墊上

就在為我倆設的雙人椅墊上

第1900天：說對不起

如果妳和兄弟、朋友或妳爸吵架了，請試著和好。

不要讓小口角演變成激烈爭執。

讓他們知道，不論發生什麼事，妳還是愛他們、需要他們。

人們希望被重視，而不是被視為理所當然。

而妳必須讓他們知道，妳需要他們。

勇敢對自己做過的事負起責任，誠懇地說對不起。

而且最好不要等太久。千萬別帶著悔恨進墳墓。

第2000天：做個好夢

我不是要偷窺，也不想打擾妳的生活，只是順道過去
看看妳。妳醒來後可能會忘記我在夢中說過的話，但
請試著留住這個夢的感覺。很久沒有唸妳要整理房間
了，希望我的來訪能提醒妳，並且讓妳知道，我會永
遠愛妳。

第2500天：忍受痛苦與折磨

受傷是生活的一部分。要知道，妳不是世界上最痛苦的人，也不是唯一一個。同樣身在痛苦的前線，還有許多人比妳更奮力地戰鬥著。找出這些人，拿些餅乾慰勞他們。妳可能覺得沒人能懂妳的苦，但其實妳並不是孤單一人。

咱們來比比看
"哪一種情況比較慘"

我做生意失敗

妳離婚了

我臉上長膿皰

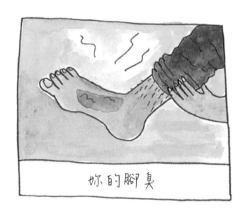

妳的腳臭

我的狗叫個不停

妳的貓完全不甩妳

第3000天：跟妳的孩子聊聊死亡

清洗死者的遺體，為他換上衣服，挖一個墓穴，在石頭刻下關於他的文字。以前，人們與死亡之間似乎沒這麼陌生。現在我們極力避談死亡，反而讓它變得更加令人不安。

我們應該多和我們的孩子聊聊死亡。我們如何用心迎接新生命，就該同樣重視生命的逝去。

第3500天：做一件好事

這個世界或許讓妳失望。戰爭、歧視、偏見、仇恨與貪婪，讓妳心痛又震驚。妳想找出一個能一次解決所有問題的方法，但很可惜，這種東西並不存在。

用心為這世界做一件
好事，就能讓這社會
少一些負能量。無論
是多麼小的一件好
事，都能讓這個世界
變得更好。

我離開之後，不只留下悲傷。死亡並沒有帶走一切。
妳和那些珍貴的回憶一起被留了下來。
那些影像、聲音、味道，記錄了我們一起的每個日子。

第4500天：捏自己一把

兩個人在一起的種種艱難已遠大於快樂。妳想離開這段關係。妳會想，「如果我有自己的一間小公寓，可以在凌晨兩點弄爆米花，給自己倒杯酒，遠離所有黑暗的情緒，不是更好？」

這時請狠狠捏自己一把。妳是覺得痛，或是感覺到自己還活著？

妳會發現，在卸下性愛與欲望後，這段伴侶關係的核心其實是友情。

和一個人在一起，有如報名參加了一段奇特的火車之旅。妳不知道這輛火車會停靠哪些站，是否繞遠路，會持續多久，甚至不知道終點在哪。

但如果妳的伴侶有下列舉動，我建議妳不如就離開吧。

‧他不尊重妳

‧他無法或根本不願戒掉令他上癮的嗜好

‧他背著妳偷吃（第一次就該離開了，不要等到第二次）

‧他對妳動粗（立刻離開他）

‧他是連續殺人魔（非連續殺人魔也一樣）

‧他會虐待動物、踢小狗

第5000天：
找一份工作

如果妳夠幸運，妳會在年輕的時候順利
找到一份將妳人生都掏空、既死板又恐
怖的工作。等妳真的明白爛工作可以有
多爛，妳才能將目標訂得更高更好。

先生，
我們非常感謝您的
回饋與建議。

但尖叫
是沒有用的。

人們常會認為工作是一種義務和必須，
閒餘時間再做自己想做的事就好。

然而工作不僅僅是領取薪水，它也是妳生活品質的一部分。
找一份讓妳感興趣的工作吧，做妳喜歡的事，同時想辦法獲
得相對的獎勵。還有妳得明白，當窮人一點也不好玩。妳必
須要有一定的收入，才能支持妳繼續追求自己的目標。

第5500天：問問題

我們來到這個世上，是為了找尋答案。但沒有人能保證我們可以
找得到答案。真正的意義在於，我們曾用盡一切努力尋求答案。

第6000天：做一份法式鹹派

當災難降臨，
一個美味的鹹派可以恢復秩序。

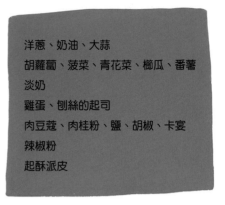

洋蔥、奶油、大蒜
胡蘿蔔、菠菜、青花菜、櫛瓜、番薯
淡奶
雞蛋、刨絲的起司
肉豆蔻、肉桂粉、鹽、胡椒、卡宴
辣椒粉
起酥派皮

將洋蔥切絲，大蒜切末，用奶油或橄欖油拌炒五至十分鐘。

趁著洋蔥加熱時，將幾根胡蘿蔔和一大把菠菜切碎，青花菜切成小朵，櫛瓜和番薯也切成小塊，全部扔進大碗裡。

在另一個碗裡倒入一罐淡奶，加入四到五個雞蛋打勻，再加入一杯多的刨絲起司。關於這些食材的分量，大概差不多就好。記得，生活是由各種古怪材料混合而成，有時全加在一起可以產生很好的結果。只要保持信心，結果就會很好。

在雞蛋牛奶混合物中加入一點肉豆蔻、肉桂粉、鹽、胡椒，還有我最喜歡的卡宴辣椒粉，然後倒入裝蔬菜的大碗裡攪拌均勻。

將派皮鋪在烤盤上，然後用勺子舀入蔬菜糊，在上頭撒點鹽和胡椒調味。這份食譜可以做三到四個鹹派。送進預熱至攝氏一百七十五度的烤箱，烤大約一小時，直到派的中心完全烤熟，插入牙籤測試確認不會沾黏。

妳有記得用隔熱手套吧？烤盤很燙，小心不要燙到了。如果不幸燙到手，一定要把手放在水龍頭下沖冷水，直到沒那麼痛為止。

確定妳烤的鹹派夠吃嗎？
多烤一些吧。

第7000天：學會安排優先順序

妳覺得生活與工作超載，讓妳喘不過氣。這時妳該重新分配妳的生活。拿一張紙，寫下妳應當做的事、必須做的事，還有讓妳感到負擔沉重的事，其中可能包括「好好照顧自己」。

把這些待辦事項都想像成在急診室裡等著看病的病人，誰該第一個接受治療？誰該排在第二、第三個？誰又根本不該在急診名單上？

提示：
「好好照顧自己」
絕對應該排在
前幾名。

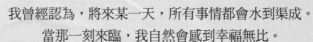

第8000天：重新定義幸福

我曾經認為，將來某一天，所有事情都會水到渠成。
當那一刻來臨，我自然會感到幸福無比。

但這不是指妳減掉十公斤後，世界就會變得美好。
不論妳是胖是瘦，妳都可以得到幸福。
只要妳夠知足，不奢求一刻也不間斷的快樂。
只要妳用心尋找，就可以擁有很多幸福的瞬間和幸福的日子。

我想，幸福是對妳現在所擁有的一切感到滿足。
妳所擁有的可能沒什麼了不起，也有可能非常了不起，
或是介於兩者之間。
能真心愛上此時此刻，這就是幸福。

第9000天：削尖妳的鉛筆

　　有時妳會發現自己正在等待著什麼，也許是新的事件、新的訊息，或一個希望的信號。這時請喝杯咖啡，玩一篇填字遊戲，這兩樣東西都可以幫助妳的大腦保持清醒。除非妳很閒，那再去玩星期天《紐約時報》上的填字遊戲。

做為父母，妳可能搞砸了。
值得慶幸的是，妳的孫子孫女
給了妳第二次機會。
妳可以儘管再搞砸一次。

或者，妳也可以盡量不要搞砸。
記得，他們會從妳最意想不到的地方
看見妳最意想不到的事物。
花些時間，借用他們的雙眼，
重新觀察、體驗這個世界。

第11000天：跳脫一成不變的日子

不論工作或生活，都要持續朝著某個目標前進。不要被往事綁住，躊躇不前，或是停在原地。想像一下，如果妳不害怕任何人、任何事，妳會去哪裡？妳會做什麼？

現在立刻出發吧。

第12000天：看一齣喜劇

基於生存本能，我們的大腦會不停搜尋生活中的潛在威脅，而且可以找到很多。妳可能得十萬火急地送生病的孩子去看醫生。或妳會收到一張心電圖，上面顯示妳的心臟出了點問題，或從穿著白袍的人口中聽到「癌症」二字。

恐懼唯一的好處，就是讓妳躲過迎面撞上的車，或是逼著妳改變。除此之外，恐懼一點用也沒有。當妳害怕時，問問自己，在這種情況下，恐懼幫得上忙嗎？如果幫不上，就試著用大笑替代恐懼吧。

第13000天：積極參與這個世界

不論妳現在幾歲，當妳開始成天抱怨這個世界沒救了，表示妳的心已經老化了。每個世代的人都會抱怨每況愈下的社會現狀，譴責政客搞出來的爛攤子，批評惹事生非的年輕人，還有很多很多……

沒錯，妳並非無所不知，可能也沒有主導社會的權力。但我希望妳能明白，若沒有核子武器和全球性傳染病的威脅，你們這一代其實比先前任何一個世代都更具有優勢。

所以不要只是抱怨，做些
事情吧。用妳的智慧與熱
情讓世界變得更好。

第14000天：別實現什麼遺願清單

會寫遺願清單的人，通常也比較愛現。他會不斷告訴朋友，自己去過哪些地方和做過哪些事。難道妳還想再聽他炫耀一次他的秘魯之旅？得了吧！

就算完成清單上所有項目，妳也只是把自己逼入死角。這麼說吧，完成清單，就代表妳可以去死了嗎？妳剩下的時間要做什麼呢？再列一張願望清單？

那些玩不起高級行程的人怎麼辦？難道他們只能列一張比較遜的清單，像是「有一天我想拜訪奧勒岡的比佛頓市」？

坐下來讀一本好書，喝杯茶，和妳一起散步，才是我生命中最美好的時刻。比親眼看見泰姬瑪哈陵，或是坐船遊覽挪威峽灣，或是去瑞士滑雪更好。

我們並肩坐著，隨便閒聊日常瑣事，那才是我真正想念的。

「最好別實現」清單

- 遺願清單
- 替爛人工作，或是和爛人一起工作
- 自我厭惡
- 優柔寡斷
- 不敢說出真話
- 心懷惡意
- 老是跟別人起衝突
- 結交酒肉朋友，浪費生命
- 將一切視為理所當然

第15000天：戒掉依賴

遲早有一天，妳會明白自己不需要酒精（雖然我寫給妳的食譜裡要妳喝一杯）或藥物（儘管我建議妳分娩時可以來一劑）。別擔心，無論如何都會出現新的事物來取代它們，例如腦內啡刺激之類的。

相信我，妳會找到其他能支持妳的東西。

第17000天：拿拐杖

如果妳運氣好，可以活到夠老，妳的身體可能也漸漸不行了。

妳會跌倒，會摔斷一些東西。醫生不得不從妳身上拿走一些東西，然後放些替代品回去。妳可能會走路走得很辛苦，坐著也辛苦，吃東西不方便，聽力出現問題，睡眠無法安穩。

如果法律可以規定每個人在二十多歲時，都要被限制坐在輪椅上六個月，他們應該就能感同身受，體諒老年人和身障人士的辛苦。然而多數人和妳一樣，只能想像他們的痛苦，並且用下半輩子的時間來接受這件事。

但我相信，輪到妳時，妳會知道如何面對這些挑戰。

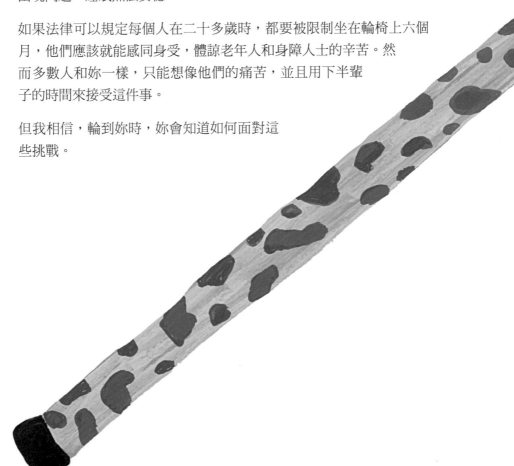

妳會需要買一支拐杖。
最好買花俏一點的。

第18000天：對自己的身體好一點

當妳身體的某些部位開始崩壞，心臟、骨頭、大腦，或是任何一個部位，妳就會明白自己也是個凡人。妳一直認為自己跟別人不一樣，這種事應該發生在別人身上，怎麼會發生在妳身上呢？該是時候認真地、好好對待自己的身體了。不論幾歲，妳都該享有乾淨的換洗衣服、熱騰騰的飯菜，還有良好的照顧與陪伴。

不要獨自面對，坦率地接受他人的幫助。如果沒有，那就自己主動去尋求幫助。為自己多留一些時間，對自己多點寬容和耐心，也請其他人對自己多點耐心。
如果他們忘了，那就提醒他們一下。

第20000天：籌備一場理想的死亡

我們一生都在籌劃，婚禮、生日派對、早午餐、紀念日、休假、旅行、家庭聚會、浪漫的週末，為什麼最後就停下來了呢？花點時間想想妳要用什麼方式離開這個世界吧。

到了那個時候，妳會在哪裡？穿什麼衣服？跟誰在一起？有好聽的音樂嗎？到時會發生什麼事？或者妳希望會發生什麼事？

請謹記在心，無論妳身邊有多少人陪伴，到最後都只有妳自己一個人面對死亡。這是妳的個人秀。

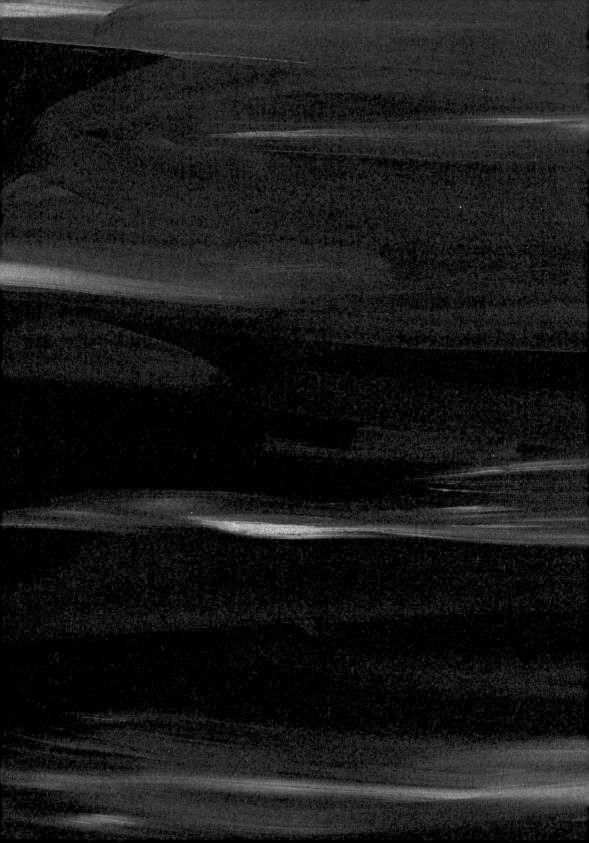

事實上，這一直都是妳自己的人生舞臺。

早在我離開之前就是了。

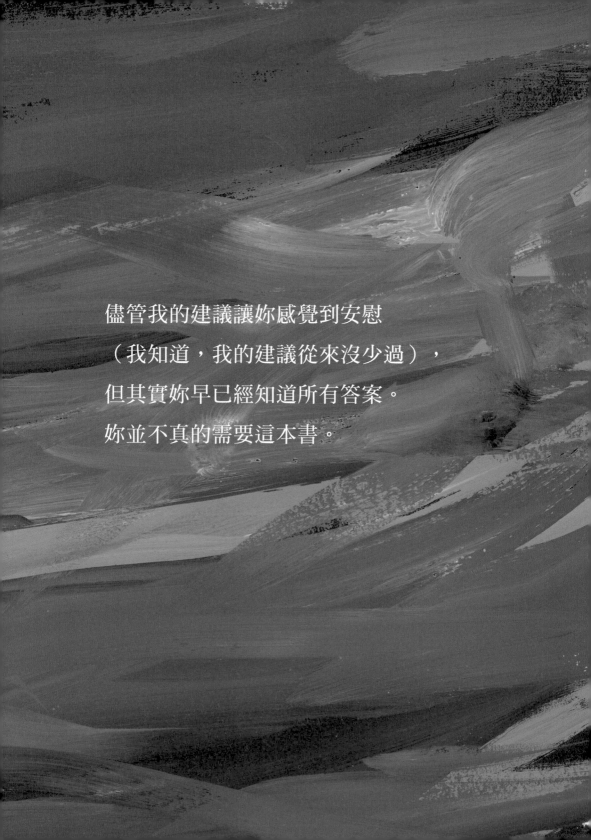

儘管我的建議讓妳感覺到安慰
（我知道，我的建議從來沒少過），
但其實妳早已經知道所有答案。
妳並不真的需要這本書。

我很樂意與妳一起寫下這本書，
但妳並不需要它。
沒有我，妳也已經擁有足以面對未來、
繼續走下去的東西。

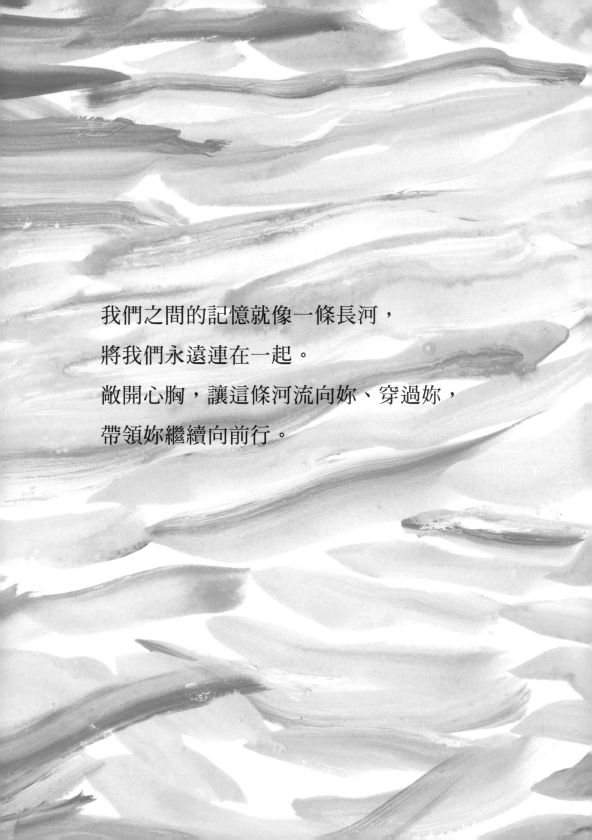

我們之間的記憶就像一條長河，
將我們永遠連在一起。
敞開心胸，讓這條河流向妳、穿過妳，
帶領妳繼續向前行。

致 謝

衷心感謝我們的經紀人凱特‧麥克基恩的支持、鼓勵，以及對這本書的信心。非常感謝南西‧米勒和布魯姆斯伯里出版社的全體編輯，你們的深思熟慮和親切指導，為這次合作留下了難忘的愉快經驗。

哈莉：
感謝傑克‧休格連，在無數個漫長的工作天結束時，你的鼓勵和擁抱給了我繼續向前的動力。感謝艾麗絲‧莫蘭，做為我最好的朋友，每天為我帶來鮮花和快樂。感謝艾莉亞娜‧連納斯基，每個星期天讓我離開書桌，帶我去戶外健走，帶給我靈感，讓我更渴望工作。謝謝尼克和班，給我打了好幾通比人生還要長的電話，而且總是讓我開懷大笑。感謝我的父親克里斯，感謝他的幽默、慷慨及耐心（爸，別擔心，我已經想到如何讓你的人生智慧永垂不朽了）。感謝我獨一無二、無可取代的媽媽。

蘇西：
非常感謝過去十年來我採訪過的許多長者，幫助我了解愛與失去對人們的影響。感謝班、哈莉和尼克，給我三十年的機會去學習如何當媽媽。感謝我的妹妹安‧戈斯曼，在我們的母親去世後互相扶持。感謝我的丈夫克里斯‧貝特曼，即使他是我所認識最有趣的作家，在一遍又一遍閱讀我的草稿時仍會大笑出聲；感謝他三十年前邀我加入這個稱做「為人父母」的大型實驗。感謝哈莉，我們的對話為這本書提供了最重要的素材，而她的插圖遠比文字更加精采。

哈莉・貝特曼（Hallie Bateman）

插畫家暨作家，你可以在《紐約客》、《紐約時報雜誌》、Lenny、BuzzFeed、Awl 等媒體看見她的作品。她的手繪創意日誌《Brave New Work》於 2007 年由 MOMA 美術館出版。目前定居於洛杉磯。

蘇西・霍普金斯（Suzy Hopkins）

前報社記者，自 2008 年在加州出版了一份季刊（Friends Neighbors，www.seniorfan.com），為戰後嬰兒潮世代和老年人提供服務。她也是哈莉的媽媽，目前定居於加州哥倫比亞市。